Andreas Knapp

ist wie Liebe

ist wie Liebe

Gedichte

von Andreas Knapp

echter

Die zwei großen Themen der Weltliteratur:
die Liebe und der Tod

(nach Marcel Reich-Ranicki)

genesis von du zu du

im anfang
war der blick
eins in eins
passgenau
alles war lichtes verstehen
bis in der pupillen
sternennacht

das erste wort aber
behutsam zu wählen
eins gibt das andere
wir könnten uns verstricken
in sinnlosen sätzen
bis zum erlöschen
des augensterns

annäherung an die wirklichkeit

nicht durchblicken
sondern anblicken

nicht im griff haben
vielmehr ergriffen sein

nicht bloß verstehen
auch zu dir stehen

nicht durchschauen
einfach nur anschauen

so werden wir wirklich
wir

Bekehrung

nicht mehr rotieren
um den eigenen Bauchnabel
kopernikanische Wende
Ego-Dezentralisierung

mich gänzlich überlassen
der Anziehungskraft deiner Liebe
im Blick auf dich
finde ich meine Bahn

nicht vor dem Spiegel bleiben
mich einfach umdrehen
die große Wende
du stehst hinter mir

Begegnung

von vorn
durch das Auge
in die Brust

dein Blick
trifft mich innen

durchbohrt
werde ich lebendig

verrückt vor liebe

von dir verzaubert
nicht mehr ich
im mittelpunkt der welt
der kosmos
dreht sich einzig
um dich

von dir betört
kommt bewegung
in mein steriles leben
völlig durcheinander
und ganz verwirrt
durch dich

du hast mich verrückt
aus mir selbst heraus
nicht mehr eingesponnen
in ängstlichem kokon
bin ich närrisch
auf dich

du hast mir den kopf verdreht
ich starre nicht mehr
in den blinden spiegel
selbstverliebter einsamkeit
durch dich entdeck ich nun
auch mich

mein augenstern
*ubi amor ibi oculus**

schau mal
liebe ist eine sichtweise
tiefenschärfe bis
in die herzgegend

dass du dich freundlich
gesehen siehst
kann doch keine
optische täuschung sein

was brille und fernrohr
verborgen bleibt
mit leuchtenden augen
gleitsicht ins unermessliche

---

* *Wo Liebe ist, da ist ein Auge (Augustinus)*

aug in auge

einander im blick
augenfällig das glück

und zwischen zwei wimpernschlägen
eine ganze ewigkeit

Glück

ein Atemzug Paradies
eine Sternschnuppenlänge Seligkeit
ein Augen-Blick in deine Augen
ein Sonnenstrahl auf meiner Wange
eine Wasserfallhauch auf meiner Haut
eine Sekunde Ewigkeit

hohes lied

schlaflose nächte
vor lauter sehnsucht
nach dir

schlafwandelnd
unter dem süchtigen mond
zu dir

schlaftrunken
atemlos wachgeküsst
von dir

schlaflose nächte
vor lauter nähe
mit dir

liebeserklärung

wie worte dafür finden
was ich für dich empfinde
wie zum ausdruck bringen
was tief innen für dich brennt

wie kann ich davon sprechen
was dir mein herz verspricht
wie könnt ich das begründen
was mir so grundlos wird geschenkt

wollt ich von meiner liebe reden
so wäre jedes wort zu viel
und alle worte wären
noch immer viel zu wenig

nein
ich kann dir
meine liebe
nicht erklären

passwort

jeder mensch
ein verwunschener turm
von sich selber
hinter schloss und riegel gebracht
bewegungsmelder lösen alarm aus
komm mir nicht zu nah
unübersehbar das warnschild
vorsicht bissiger mensch
keine brechstange
kein raffinierter dietrich
nur ein schlüsselwort
zärtlich gesprochen
DU

vielleicht entriegele ich
die sperrkette der angst
und aus dem spaltbreit tönt
ein leises willkommen

lockmittel

deine liebesbriefe
logbuch zu dir

deine haare
locken zum streicheln

deine energie
die kraft einer lock

deine verbundenheit
eingeloggt in dein netz

dein lächeln
lockert mich auf

deine lebendigkeit
kennt keinen lockdown

im augenblick

bin ich bei dir
hin und weg bin ich
uhr und handy abgelegt
zu bloßer gegenwart
aug in auge zeitvergessen
ewig schönes kinderspiel
schwerelos schweben
in der sanduhr die körner
und der innere uhrzeiger
steht auf
jetzt

tyrrhenische wellen

wir lagen
träumeleicht
im weißen sand
weich gebettet
luftkissensanft
sahen mit geschlossenen augen
das glück uns winken
spielten mit muscheln
angespülte kunterbunt
hörten der wellen
weiches wogen
hin und her
unaufhörlich
gleich unserer liebe
ewiges meer

im strandkorb

nicht aug in auge
vielmehr ruhend
kopf an kopf
verlieren sich
unsere blicke
in ausschweifendem blau
finden sich wieder
jenseits des horizontes
unabsehbar
die weitsicht der liebe

im Morgenwind

beim Erwachen des Lichtes
fährt Windspiel
in Wellen durch dein Haar
und weckt unsere Sehnsucht
nach der Weite des Meeres
und der Freiheit des Windes

frühlingserwachen

wer hat die gefühlte kälte
mit einem ersten sonnenhauch
auf meiner haut vertrieben

wer hat im wald für mich
den gelben blumenteppich ausgerollt
über modrigem laub

wer hat über nacht
der schlehe kahles gerippe
eingekleidet blütenweiß

wer ist mein frühling
das bist doch du
du

wasserfall

wildwasser bist du
kein braver dahinfluss
man kann dich nicht stauen
und durch turbinen zwängen
du bist hinreißend
angstfrei schießt du über
lässt dich los
freier fall
in tosende tiefen
zerstäubst zu einem schleier
silberseidensanft
in deinem sprühenden leben
bricht sich das licht
zu einem fächer
siebenfarbenfach

der Grund der Welt

hinter einem Felsen verborgen
eine wilde Blume
als ich sie entdeckte
war mir als ob sie
gerade für mich blühen wollte

du
fielst mir ein
vielleicht war es ja deine Liebe
die mir diese Blume
hier hat blühen lassen

dann aber lächelte ich
über die romantische Idee

wenn es jedoch stimmt
dass Liebe in der Welt ist
kann dann nicht vielleicht auch gelten
dass die Welt in der Liebe ist

vermisstenanzeige

seit ich
dich kenne
vermisse ich dich

wem aber
sollte ich melden
dass du mir fehlst

wenn nicht
dir selbst

Name

dein Name
nicht Schall und Rauch
sondern Klang und Bild
ein gutes Omen
unverwechselbarer Schriftzug
Buchstaben des Lebens

dein Name
von der Liebe erfunden
zärtlich geflüstert
kein einsames Echo
sondern Widerhall des Herzschlags
Passwort zu dir

dein Name
Lebenslinie in SEINER Hand
unvergänglicher eingraviert
als in granitesten Grabstein
Lieb-Kose-Name
unaufhörlich

du

das unsichtbare
in deinem gesicht

das unerhörte
in deinem wort

das unbestimmbare
an deinem geschmack

das unbegreifliche
auf deiner fingerspitze

das unvergleichliche
an deinem duft

du
mein geheimnis

was liebe heißt
drei annäherungen

ich kann mich selbst vergessen
und das ganz ohne angst
weil ich spüre
dass du an mich denkst

du willst nichts
von mir
mich aber willst du
so wie ich bin

dich lieben heißt
deine freiheit mehren
denn im maß deiner freiheit
wirst du
immer mehr du

sein oder nichtsein

keine frage
bei dir
darf ich sein
wie ich nun mal bin

eines aber
darf nicht sein
dass ich selbst nicht sein will
wie ich nun mal bin

die frage nach der liebe

dreimal fragst du mich
das schmerzt
warum fragst du immer wieder
du weißt es doch

oder willst du es einfach hören
immer wieder hören
fragst du damit ich es nie vergesse
und immer neu sagen lerne

ja dann frage mich
frag immer wieder
frag immer neu
ach höre nie auf zu fragen

liebe

meine liebe zu dir
ist ohne grund
so tief ist sie

einander
ansichtig sein
absichtslos

blick in blick
dich anschauend
mich verlieren

von dir angeschaut
mich empfangen
und ewig so fort

darin das geheimnis
des bleibenden
berühren

wie liebe geht

stein auf stein
haus an haus
tür an tür

tag für tag
schritt für schritt
hand in hand

kopf an kopf
mund zu mund
kuss um kuss

wort für wort
ton um ton
stich für stich

hart auf hart
schlag auf schlag
schuld um schuld

trost um trost
herz zu herz
glück für glück

zug um zug
mensch zu mensch
du auf du

wir

von der kraft des zarten

frühlingssonne
warm und weich
lässt den eispanzer
der teiche splittern

krokus und schneeglöckchen
tasten sich mit fingerspitzengefühl
durch verharschten schnee
höher zum licht

ein grashalm
zart und zerbrechlich
streichelt sich sanft
durch winterharte erde

nicht der eisernen faust
nur behutsamer berührung
öffnet sich der innenraum
von mensch und gott

noli me tangere

brombeere und distel
kaktus und rose
ein arsenal des schreckens
aus stacheln und dornen

die unbewehrte
blüte aber
wagnis der
verletzlichkeit

komm doch
bloß
der liebe
näher

ohne gewalt

harte nüsse
und menschen

nicht mit dem hammer
zu knacken

licht und wärme
locken den keim

die schale öffnet sich
von innen

beziehungsängste

urschrei nach nähe
und zugleich auf der flucht
kompositionsmuster aus
toccata und fuga

hingerissen
die arme geöffnet
sitzt zugleich
die angst im nacken

anziehend und
bedrohlich in eins
das feuer
im barfußbereich

vom nicht machbaren

wovon du wirklich lebst
was dich im tiefsten nährt
schenkt sich dir freigiebig
wie von selbst

der zauber des abendhimmels
das leise erwachen der sterne
die hand auf deiner schulter
das wort das für immer gilt

setz dich in des baumes schatten
du brauchst den apfel
nicht zu pflücken
er fällt dir in den schoß

nie und nimmer verdient
doch zu gegebener stunde
zugespielt
von himmlischen händen

in der schwebe

wollen
und nicht wollen
in eins
wie beim lieben
oder einschlafen
es schenkt sich
wenn ich es will
ohne es zu wollen
das göttliche paradox

Frühstücksgedanken

wie eine Mauer
die Zeitung
hinter der du dich verbirgst
hauchdünn das Papier
und doch ganz undurchdringlich

ich aber würde gern
in deinen Augen lesen
was in deiner Welt geschieht
von Krieg und Frieden in deiner Seele
den Wetterbericht mit deinen Hochs und Tiefs
und schließlich würde ich so gern
das Rätsel lösen
das sich in deinen
Stirnfalten versteckt

hauptspeise

wir leben von
licht
luft
liebe

alles andere
ist
beilage

ehe

sag doch
ob es für immer ist
ich will keinen garantieschein
und die ringe nie
zur kette geschmiedet
aber den wunsch
dass es nie enden soll
denn zweimal lebenslänglich
ist das nicht liebe
über den tod hinaus
sag doch
ja

Treue

die Vernunft nennt mir
schon lange
keine Gründe mehr

nach dem Kältetod der Gefühle
bleibt in mir
nur gähnende Leere

selbst die Erinnerung
an Hochzeiten der Begeisterung
ist wie ausgebrannt

keine Belohnung von außen
und kein Beifall der andern mehr
selbst ihres Verstehens verlustig

nackte Nacht
des bloßen Bleibens
über die Schmerzgrenze hinaus

und dennoch harre ich
denn ginge ich
ich wäre nicht mehr ich

keine kleinigkeiten

dass da jemand mir
wenn mit falschem fuß ich aufgestanden
unbeirrbar freundlich
einen guten morgen wünscht

dass da jemand mir
wenn ich nießen muss
beiläufig und lächelnd
gesundheit zuspricht

dass da jemand mir
beim verlassen unsres hauses
mit vollem ernst versichert
dass mein zurück ersehnt wird

sind das nicht die tragenden säulen
auf denen sich liebe
alltag für alltag
kunstvoll aufbaut

aufhellung

wenn die nachrichten
tagesschauerlich
mich noch nachts verfolgen
und ein innenblick
mich schier verzweifeln lässt
in deinen augen
mein hoffnungsschimmer

glauben

glaube
und du wirst mehr sehen
als den augenschein
der blumenstrauß für dich
ist mehr als nur floristik

höre
mein lied für dich
zwischen den tönen
schwingt unaussprechliches
mehr als nur akustik

schaue
mir tiefer in die augen
dich selbst vergessend
siehst du endlich
mehr als nur dein spiegelbild

glaube
deinem eignen herzen
dann wird dir in allen dingen
das geheimnisvolle
mehr geschenkt

gratwanderung

dein schritt
dein atem
verlässlicher takt
mir voraus

deiner nähe
hochgefühl
trägt mich
über alle berge

unsere bank

oft sind wir dort
einander nah gerückt
auf dem bänkchen
mit gewinnbringender aussicht

wir schenkten uns kredit
in unbegrenzter höhe
und sparten nicht
mit küssen

unsere vertrautheit
ein guthaben unschätzbar
wir hielten uns
die treuhand

auf unsrer bank
wir saßen und lasen
aus den schatzbriefen
der ersten liebe

von all dem und noch mehr
könnte unser bänkchen erzählen
doch es hält sich strikt
an das bankgeheimnis

nächtlicher bote

die sichelbarke
aus silbernem mondlicht
trägt meinen traum
über das meer aus blauer nacht
in deine weit off'nen augen

nach zielloser irrfahrt
lichtjahrelang
findet mein sternbild
in deinen pupillen
sein schönstes geschick

mit der letzten sternschnuppe
verglüht alles begehren
dass deine hand jedoch
immer noch in meiner ist
wunschloses glück

fassungslos

einst hatte ich
mit beiden händen
aus dem vollen geschöpft
beglückend und bestürzend
die erste liebe
doch die tränen des glücks
rinnen mir durch die finger

liebe lässt sich nicht fassen
ich kann nur
die leeren hände
in das fließende wasser halten
voll der hoffnung
dass sich die quelle
nie erschöpft

rendez-vous

einst
meine augen
in deinen augen
und deine augen
in meinen augen

jetzt
meine augen
auf meinem phone
und deine augen
auf deinem phone

könnte liebe
nicht doch
ein wenig
smarter sein

ein gutes Erwachen

bitte enttäusche mich
amputiere meine Illusionen

zerbrich den goldenen Spiegel
bilderstürme mein geträumtes Ich

zerstöre meine Kreise
die sich um mich selber drehen

verschreibe mir eine starke Dosis Wirklichkeit
ich will mich wahr haben

goldene brücken

unsere blicke
brückenbogen
über dem abgrund
einsamkeit

am geländer
ein schloss
zum freien
entschlossen

hand in hand
auf dem ponte vecchio
überschreiten wir
den zeitfluss des vergehens

auf einer brücke
kann man nicht wohnen
darunter vielleicht
eine nacht

manchmal mahnen
brücken zur trennung
du an dein ufer
ich zu meinem

vorsicht zerbrechlich

sei achtsam
selbst das luftig
schwebende
und gehauchte
kann brechen
eine wolke
oder ein wort

am zerbrechlichsten
jedoch
zwischen
bangen
fingerspitzen
das getrocknete
vergissmeinnicht

kurzzeitgedächtnis

noch nicht aus den augen
schon aus dem sinn

die wand zwischen uns
dreifach verglast

dass ich jetzt mich
bloß nicht vergesse

verfremdung

am anfang
einverständnis
auf den ersten blick

dann fielen worte
vieldeutig
aneinander vorbei

fände ich doch
dein auge wieder
den verständigen blick

selbsttäuschung

viel zu schön
um nicht wahr zu sein

schwebezustand
sieben himmel hoch

das luftschloss
bodenlos

zerbrochene Brücke

gewagt war er immer
der Bogen an dein Ufer
überspannte Erwartungen
zersplitterte Beziehung
die Scherben schneiden
von innen ins Fleisch
meine Worte fallen
in den Abgrund
der zwischen uns gähnt
und füllen doch
die Kluft nicht auf
auch mein Blick fällt hinunter
und zerschellt
Gefühle irren ins Leere
meine bettelnde Hand
reicht nicht mehr hinüber

kältetod

wie kam es nur
dass so viel wärme
glühte zwischen uns
und wir dahingeschmolzen
uns gegenseitig
den eispanzer
aus der herzgegend
weggestreichelt haben

wie ging es nur
dass sich polarluft unaufhaltsam
zwischen unsre körper schob
abkühlend die gefühle
und wir fröstelnd
auf getrennten eisschollen
auseinandertreiben
in die graue kälte hinaus

erfrorene Rose

gebrochenes Genick
der Kopf hängt vornüber
verblasste Blutröte
einst blühenden Lebens
nur im Herzen noch
Spuren von Duft
der niemanden lockt
umsonst verteidigen die Dornen
das erstorbene Leben

ende einer freundschaft

nicht dir
nicht mir
uns
ist es zerbrochen
in unseren händen

zu filigran das gefäß
oder nicht genügend gebrannt
es zerfiel einfach
unter unseren
unbeholfenen händen

neuanfang

nach der frostnacht
warten auf das frühe licht
warten und warten
auf ein wärmendes wort
und irgendwann
ganz unverdient
deine hand wieder
in meiner

auch heilungswunder
brauchen ihre zeit

gemeinschaft

am hellsten tage noch
sind wir wie in nächtlichen räumen
auseinanderstrebende sterne
und bräuchten doch
der anderen wärme
um nicht in sinnloser ferne
einsam zu verglühen

nähe aber reibt
und nur liebe
gibt das unsäglich weiche
das nach dem abschaben
der schale noch bleibt
nicht der beschämung preis

an den grenzen des andern
überschreitest du dich selbst
und an seiner größe
wächst du über dich hinaus

in seiner fremdheit
spiegelt sich dein eignes dunkel
und durch die kälte des raumes
gehen wir einander entgegen
auf einer brücke aus licht

windrose

meine sehnsucht
als segel gesetzt
ob ein windhauch aufkommt
hin zu dir

meine hoffnung
schwankendes schilfrohr
und doch im grunde
verankerter seerosenteppich

meine träume
im gegenwind der gefühle
doch die kompassnadel ausgerichtet
magnetpol du

unsere liebe
segel und wind
zur gemeinsamen fahrt
ins himmelwasserblau

nah am wasser gebaut

im anfang
war die träne
dem salzwasser
entstieg das leben

dünnhäutig
durch große liebe
feuchte augen
und manchmal zum heulen

am ende aber
freudentränen
in glück getaucht
o süßes meer

großer abgesang

die natur
ein kommen
und gehen
vor allem
ein gehen

supernovas altern
sterne stürzen ins schwarze
kometen verglimmen
selbst der diamant
zermahlen vom zahn der zeit
der archeopterix ausgestorben
der dodo ausgerottet
der areopag in ruinen
die codices verkohlt

was bleibt
ist erinnerung
der erste kuss
das kleine restaurant am meer
hand in hand mit dem mondlicht
und nichts mehr zwischen uns

wenn aber wir
nicht mehr sind
wer erinnert sich dann
an unsere erinnerungen

liebe und tod

unsere liebe
so vergänglich
wie wir

für unsre liebe
wie für uns beide
ewig schade

sterbensworte

mit bebender stimme
hatte ich dir
meine liebe bekannt
brich endlich dein schweigen
sag auch du

tief verletzt
hast du dich zurückgekrümmt
in dein gehäuse
komm bitte heraus
sag doch etwas

völlig verunsichert
stammle ich ins telefon
ist die leitung tot
funkloch unserer beziehung
sag dass es nicht stimmt

vor angst entsetzt
starre ich
auf deine blassen lippen
war das schon
dein letztes wort

agavenblüte

einmal in die höhe schießen
ganz aufblühen
und dann sterben

ein einziges mal
mich verausgaben
und alles geben

einmal im leben
wirklich
lieben können

dann hat leben
und sterben
einen sinn

mit todesverachtung

unser stelldichein
macht uns zeitlos

jeder kuss
ein bleibendes siegel

das versprechen der treue
spottet der vergänglichkeit

und jeder liebesbrief
ein protestschreiben gegen den tod

letzte bitte

wenn mein körper erkaltet

dass meine liebe
nicht erkalte

in alle ewigkeit nicht

sterbenswunsch

einschlafen
in deinen armen
weil ich weiß
ich werde wieder wach
in deinen armen
und erkenne gott
an deinem gesicht

auferstehung

du
mein leben

wir haben uns
doch einmal
so geliebt
warum willst du
mich verlassen
lass uns noch einmal
von vorn beginnen
ganz von vorn

und dann
für immer

gebe es gott

unsre lebenszeit
nur allzu begrenzt
wird sie uns gewährt

grenzenlos jedoch
möcht ich die zeit mit dir
liebend gern verbringen

würde am ende
diese sehnsucht erfüllt
gäbe es gott

all inclusive

so nah wir uns
auch immer kommen
nie exklusiv
stets bleibt platz für dritte

so oft wir uns
auch eng umarmen
eine hand ist immer frei
sie anderen zu reichen

so innig wir uns auch
umschlingen mögen
es öffnet sich zugleich
der weltraum gott

liebesgeschichte

das tägliche bad
in deinen koseworten
mein jungbrunnen

in der ekstase
unserer körper
das seelenheil

in der schnittmenge
des schmerzes
verstehenszuwachs

der schatz
gemeinsamer erinnerungen
unsere altersvorsorge

im schönen augenblick
ewiger beginn
der anschauung gottes

blitzartige einsicht

du bist
unglaublich schön
unbegreiflich zärtlich
unendlich aufmerksam
unfassbar liebevoll
unbeirrbar treu

du
mein gottesbeweis

die letzte offenbarung

im tod
kein absturz
sondern aufgefangen

o ewig schöne überraschung
ich schaue gottes antlitz
im gesicht meiner liebsten

die letzten dinge

nur ich
ganz ohne dich
das ist die hölle

der schmerz
dich nicht genug geliebt zu haben
das ist mein fegefeuer

du
und alles in dir
ist unser himmel

höherentwicklung

am anfang
fressen und gefressen werden

am ende aber
geliebt werden und lieben

höher
geht nicht mehr

beipackzettel für die liebe

universales allheilmittel
auf menschlicher basis
milliardenfach erprobt
rezeptfrei und gratis

in möglichst großer dosis
täglich zu verschenken
für kinder stets
zugänglich bereithalten

kann spuren
von göttlichem enthalten
fragen sie aber weder arzt
noch apotheker

als nebenwirkung
kann schlaflosigkeit auftreten
temporäre erblindung und herzklopfen
doch alle risiken lohnen

Einige Gedichte wurden bereits veröffentlicht in:

Weiter als der Horizont
Gedichte auf Leben und Tod
Brennender als Feuer
Tiefer als das Meer
Beim Anblick eines Grashalms
Ganz Knapp

Inhalt

(in Klammer: Schriftstellen, auf die sich das Gedicht bezieht)

Von Andreas Knapp sind im Echter Verlag auch diese Gedichtbände erschienen:

Weiter als der Horizont
9. unveränd. Auflage 2019
ISBN 978-3-429-02506-9

Brennender als Feuer
9. Auflage 2017
ISBN 978-3-429-02624-0

Tiefer als das Meer
6. Auflage 2019
ISBN 978-3-429-02772-8

Gedichte auf Leben und Tod
5. Auflage 2019
ISBN 978-3-429-03039-1

Höher als der Himmel
5. Auflage 2019
ISBN 978-3-429-03295-1

ganz knapp
3. Auflage 2022
ISBN 978-3-429-05477-9

noch knapper
ISBN 978-3-429-05608-7

Mit Pauke und Salböl
ISBN 978-3-429-05681-0

Heller als Licht
5. Auflage 2019
ISBN 978-3-429-03736-9

Ausblicke ins Unendliche
Naturgedichte
von Andreas Knapp,
mit Fotos von
Barbara Wolfers
ISBN 978-3-429-03571-6

Beim Anblick eines Grashalms
Naturgedichte
2. Auflage 2019
ISBN 978-3-429-04408-4

echter verlag
www.echter.de

Andreas Knapp, geboren 1958, ist Priester und Poet; Dr. theol. (1988). Er ist Mitglied der Ordensgemeinschaft der „Kleinen Brüder vom Evangelium" und lebt derzeit in Leipzig. Sein literarisches Schaffen wurde vielfach ausgezeichnet, u. a. mit dem Herbert-Haag-Preis (2018); Goldmedaille des Independent Publisher Awards (USA 2018); Silbermedaille des Benjamin Franklin Awards (USA 2018); Dr. h. c. (Trier) 2022.

Der Umwelt zuliebe verzichten wir bei diesem Buch auf Folienverpackung.

Bibliografische Information der Deutschen Nationalbibliothek

Die Deutsche Nationalbibliothek verzeichnet diese Publikation in der Deutschen Nationalbibliografie; detaillierte bibliografische Daten sind im Internet über http://dnb.d-nb.de abrufbar.

1. Auflage 2022

www.echter.de

Gestaltung: Crossmediabureau, Gerolzhofen
Druck und Bindung: CPI-books, Clausen & Bosse, Leck

ISBN 978-3-429-05793-0